PAISAGENS PARA COLORIR

Desenhos Para Adultos

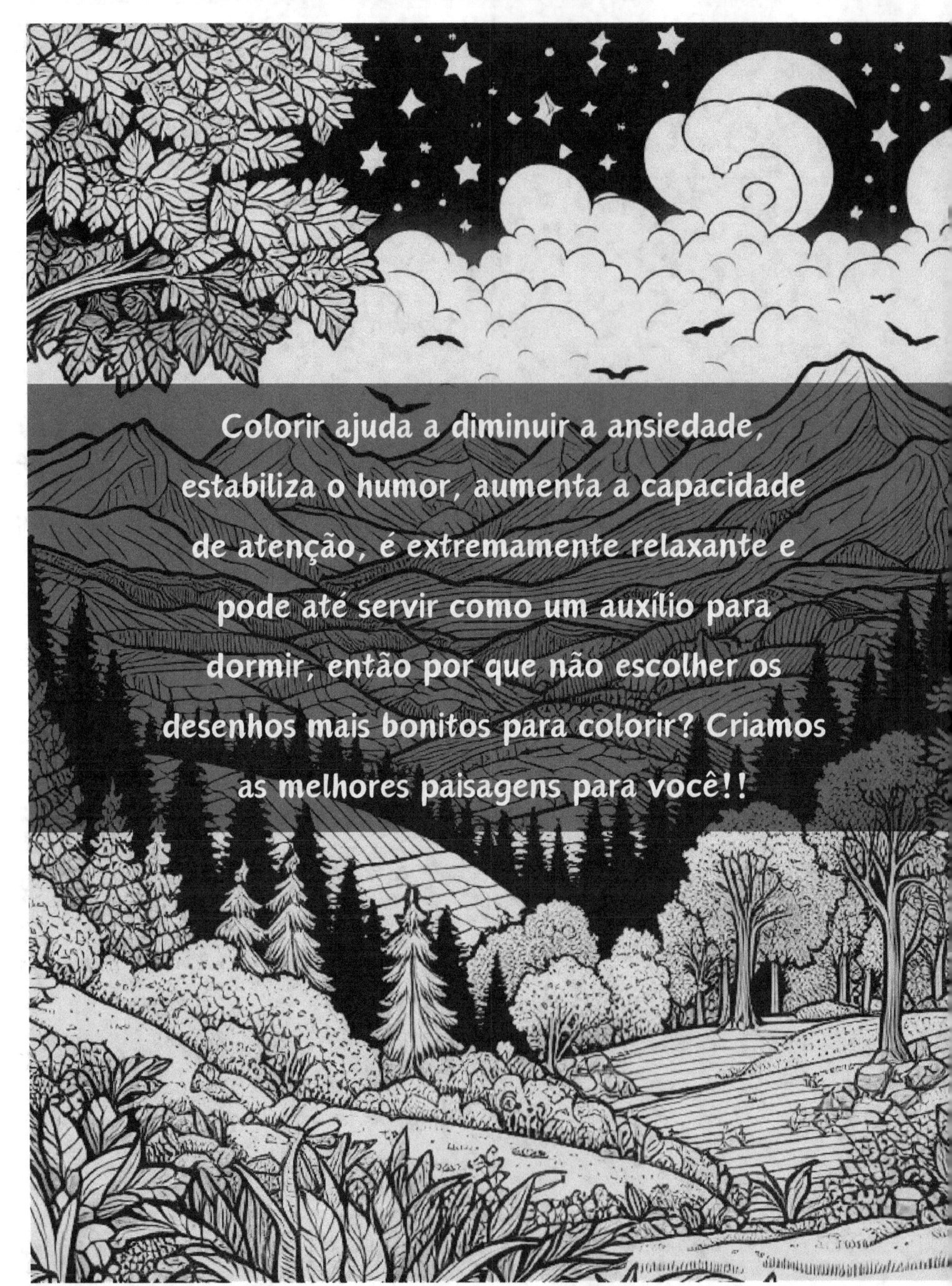

Colorir ajuda a diminuir a ansiedade, estabiliza o humor, aumenta a capacidade de atenção, é extremamente relaxante e pode até servir como um auxílio para dormir, então por que não escolher os desenhos mais bonitos para colorir? Criamos as melhores paisagens para você!!

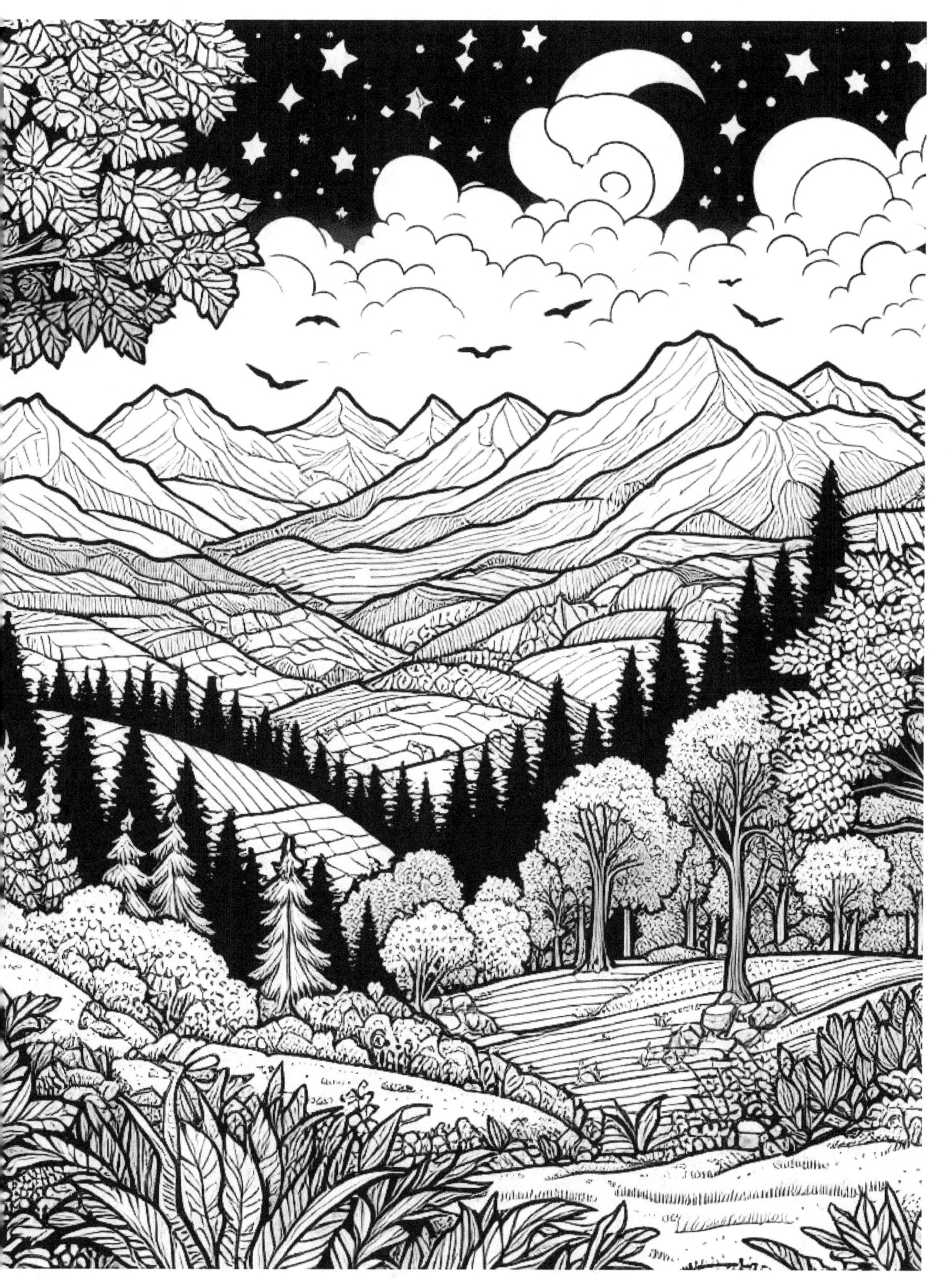

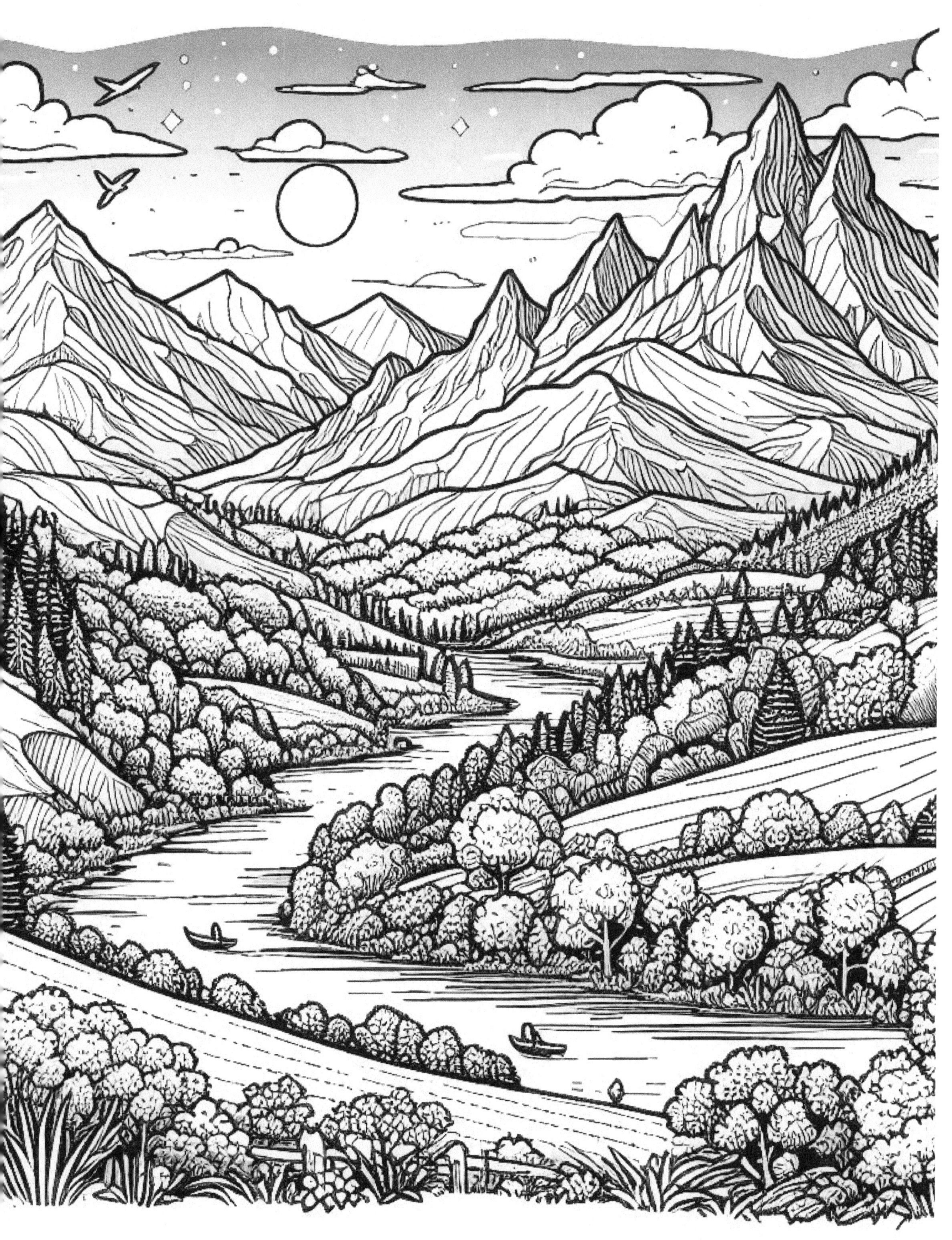

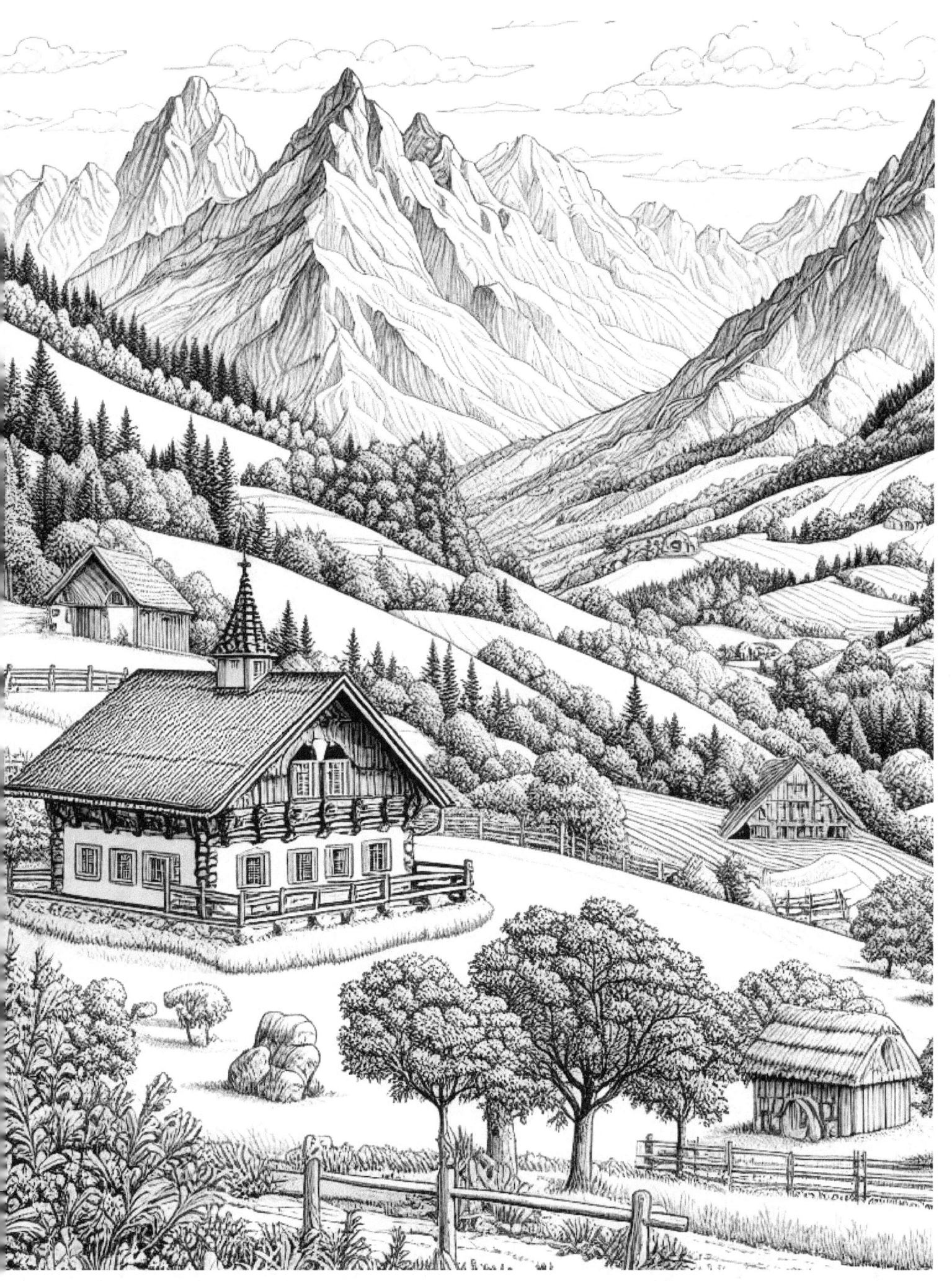

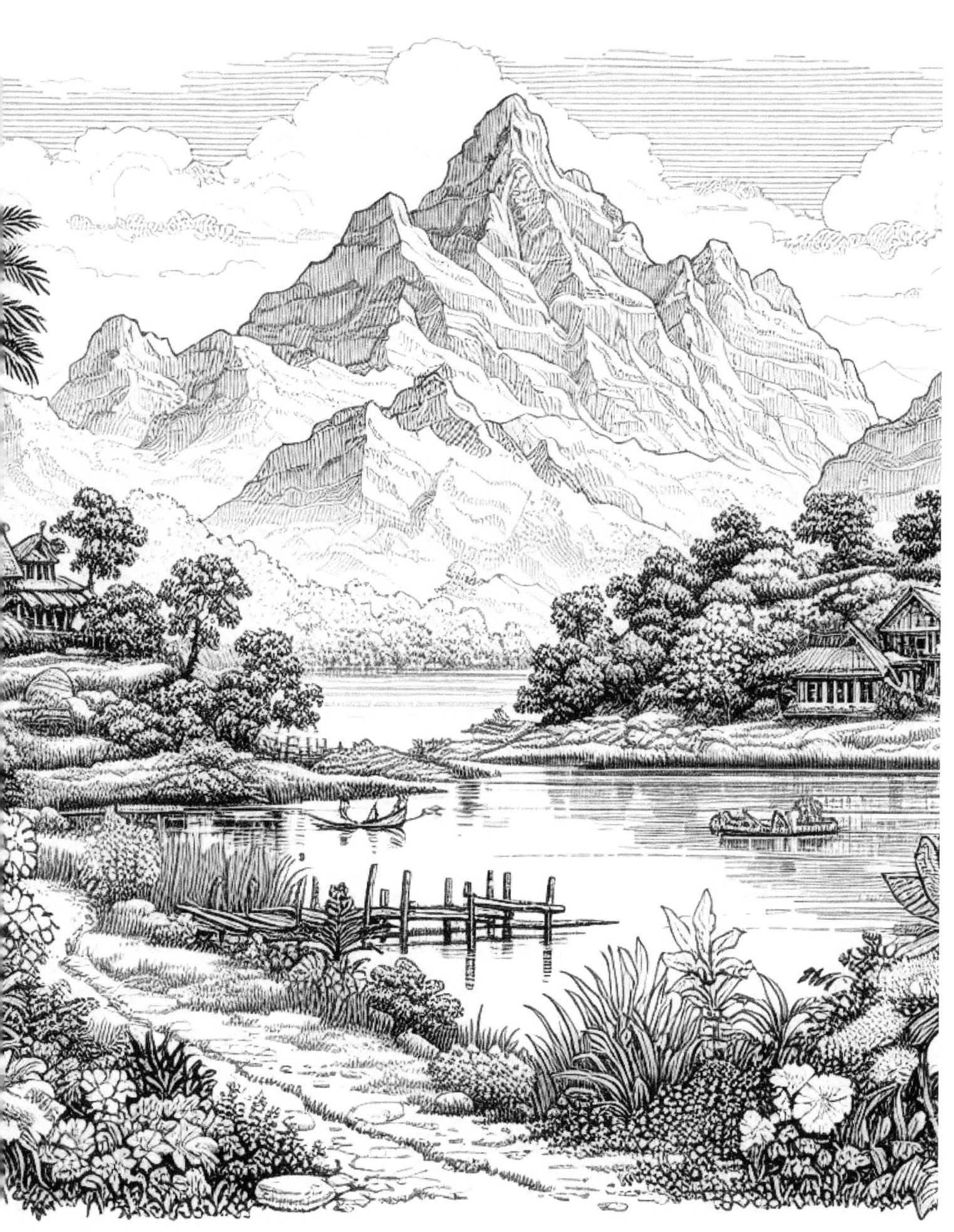

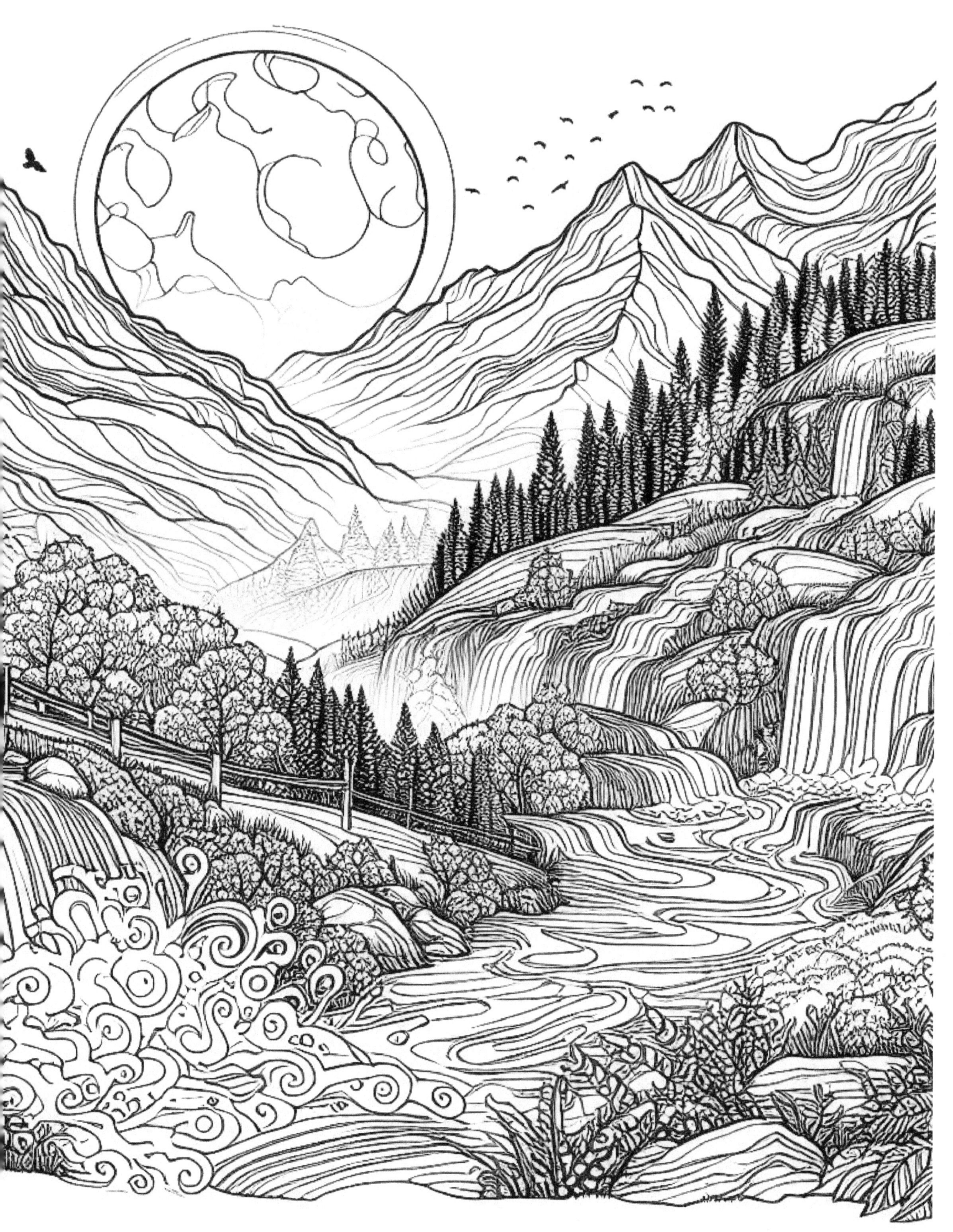

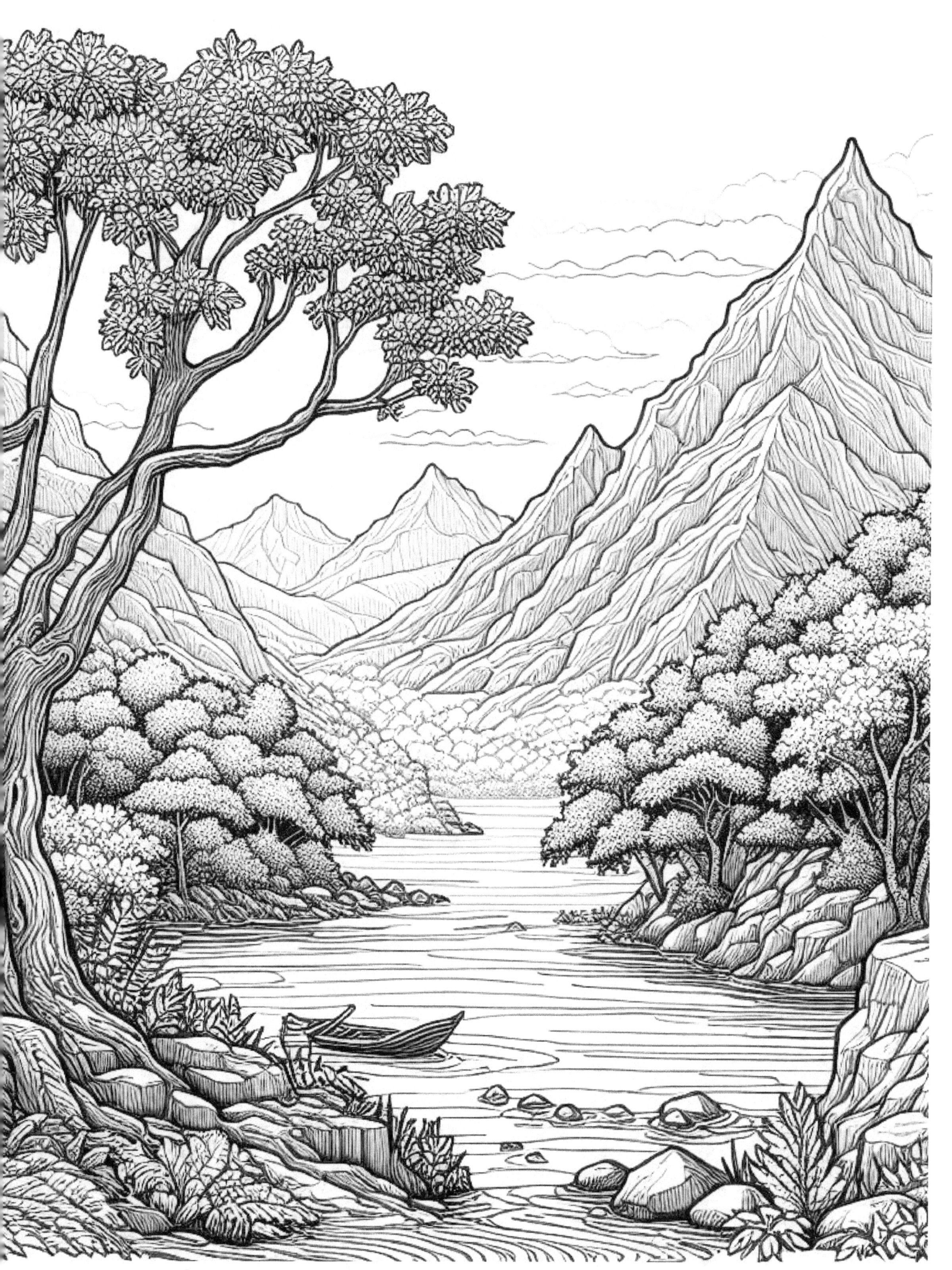

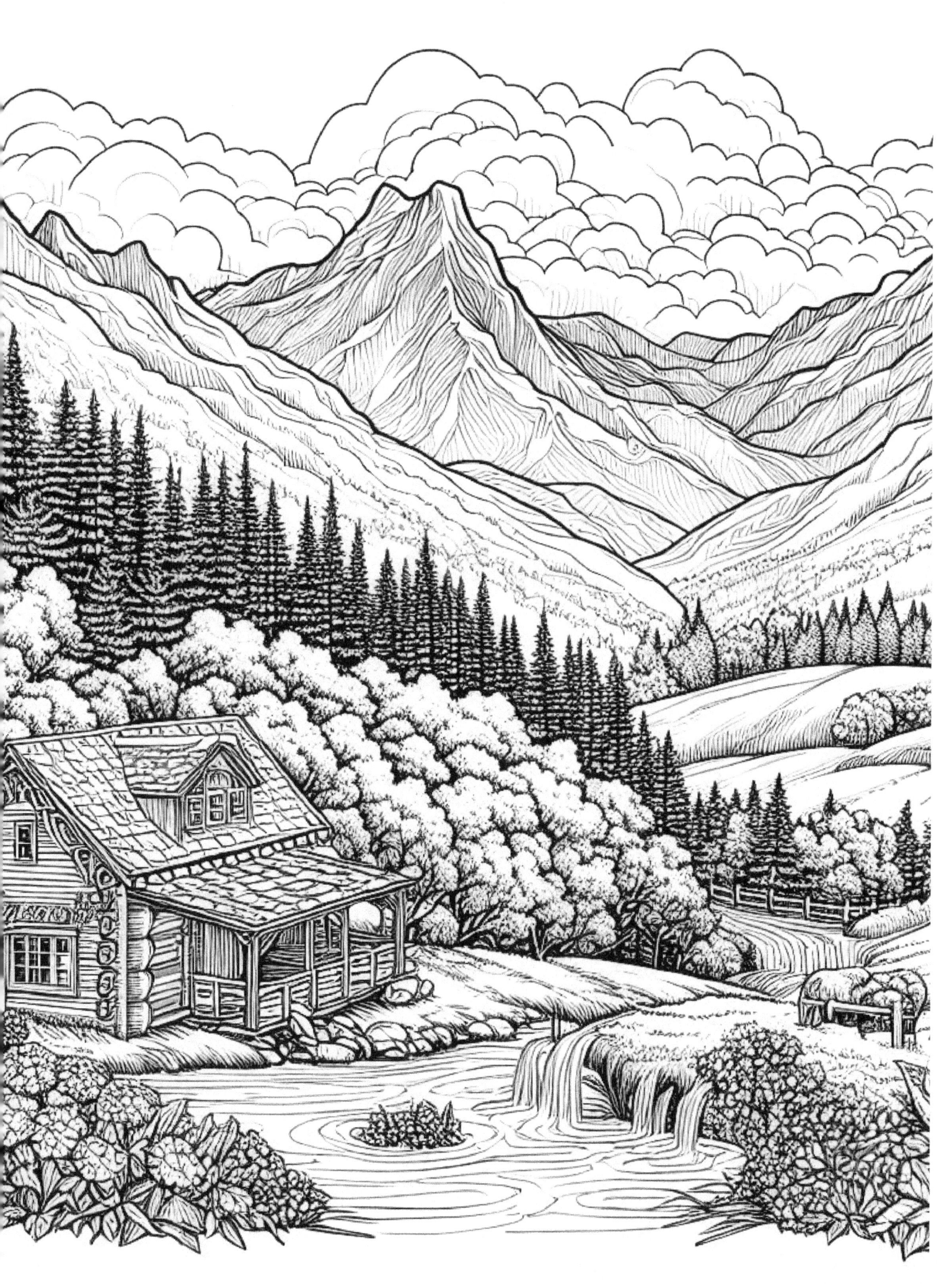

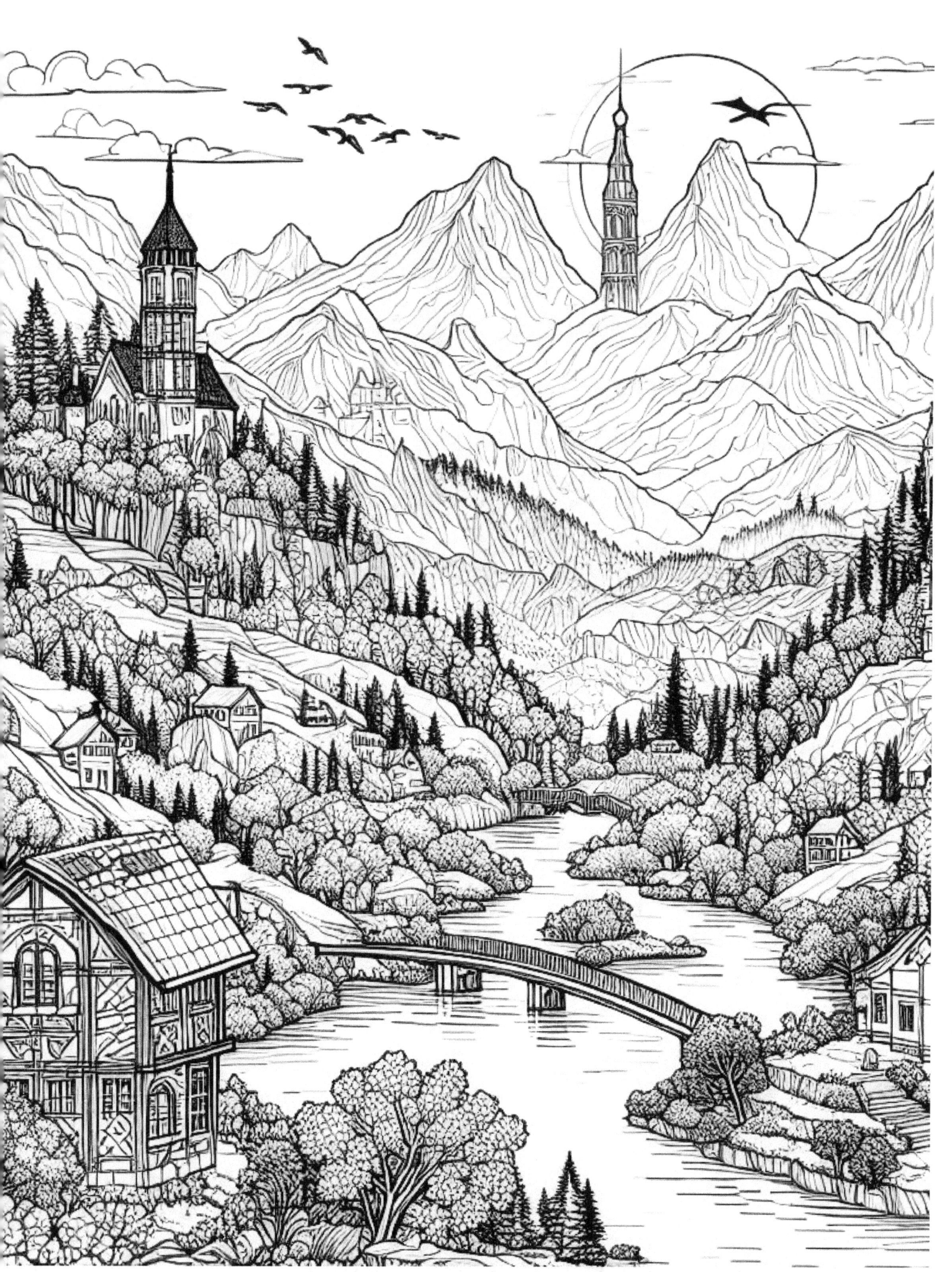

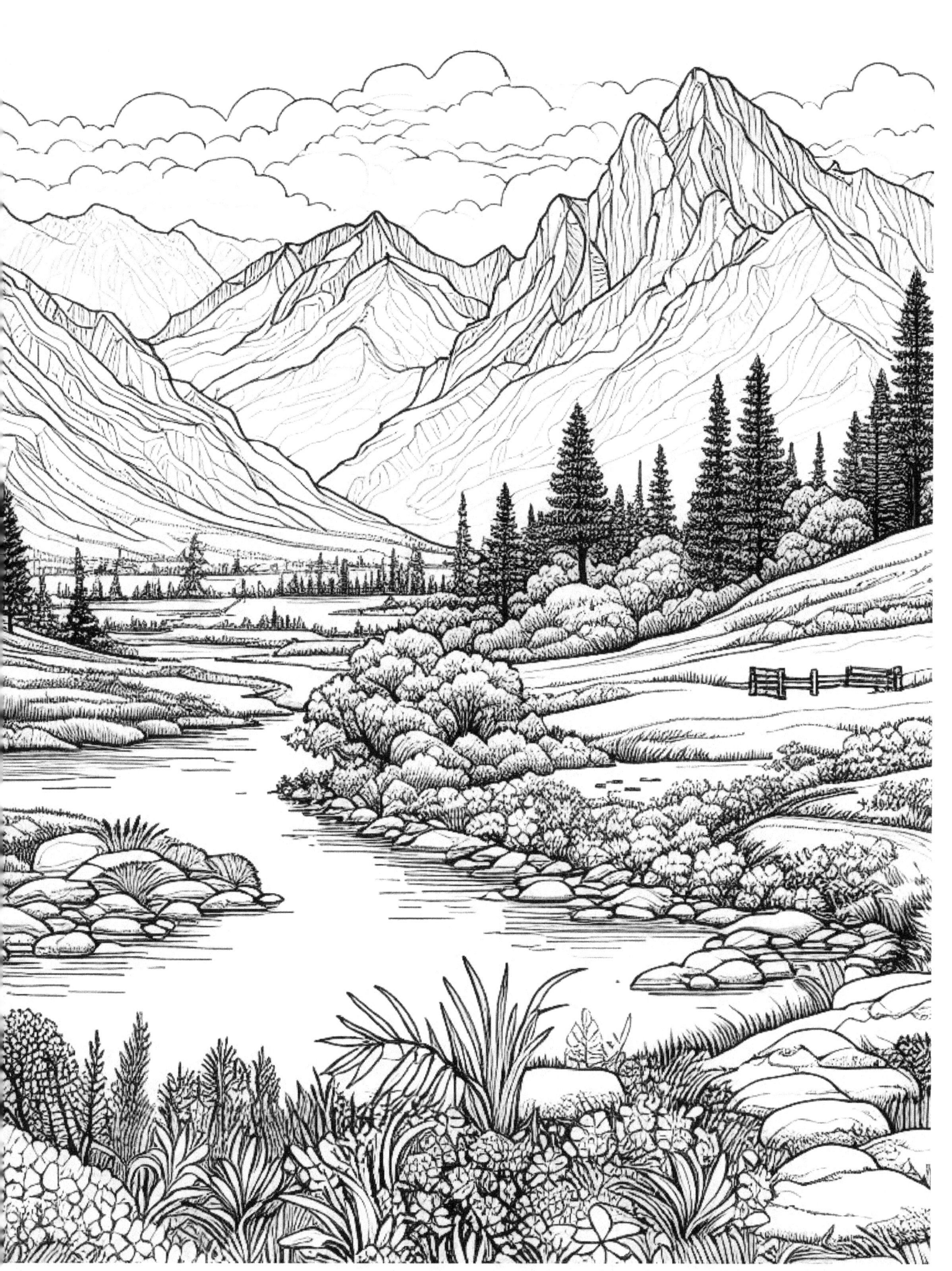

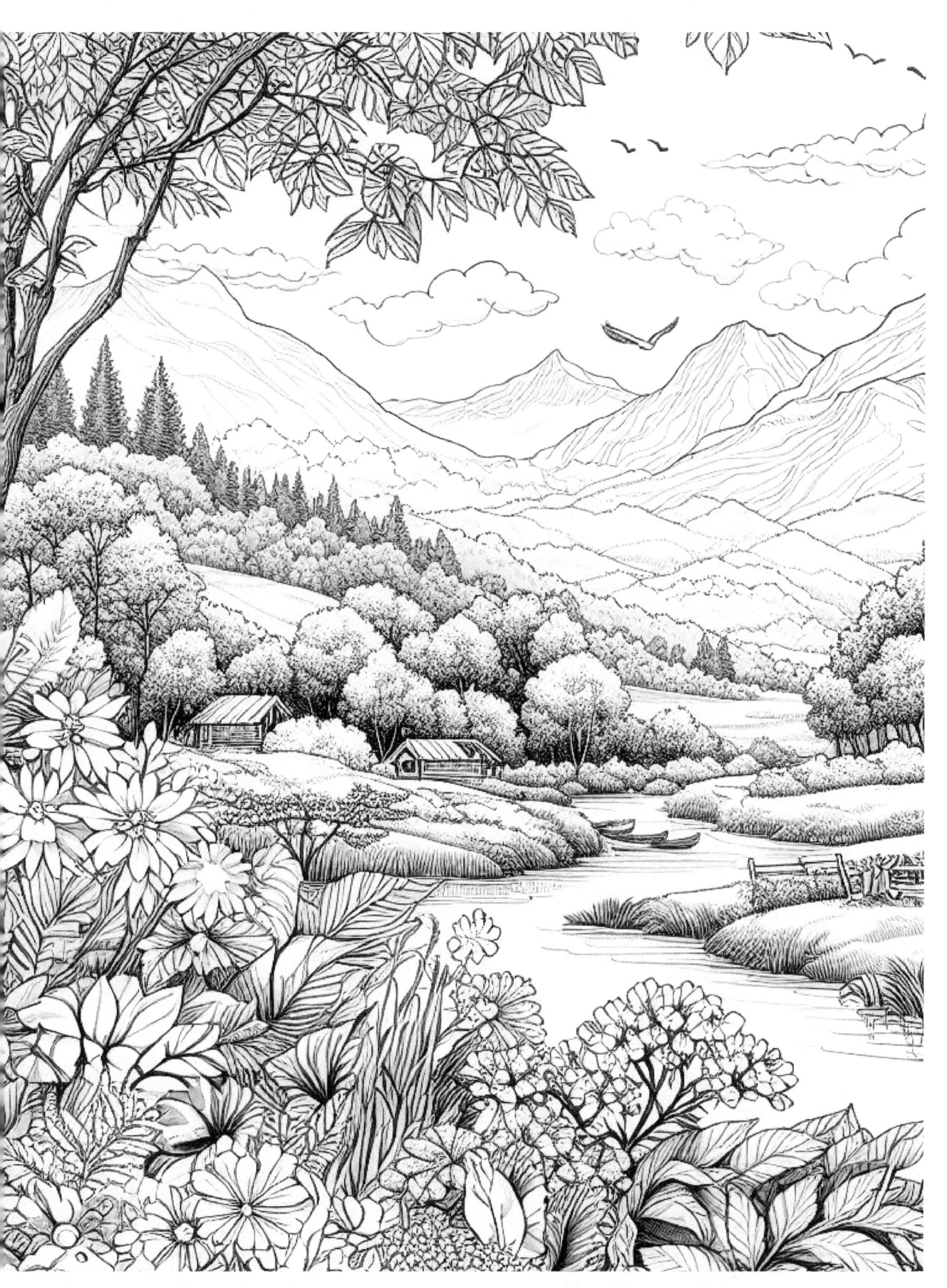

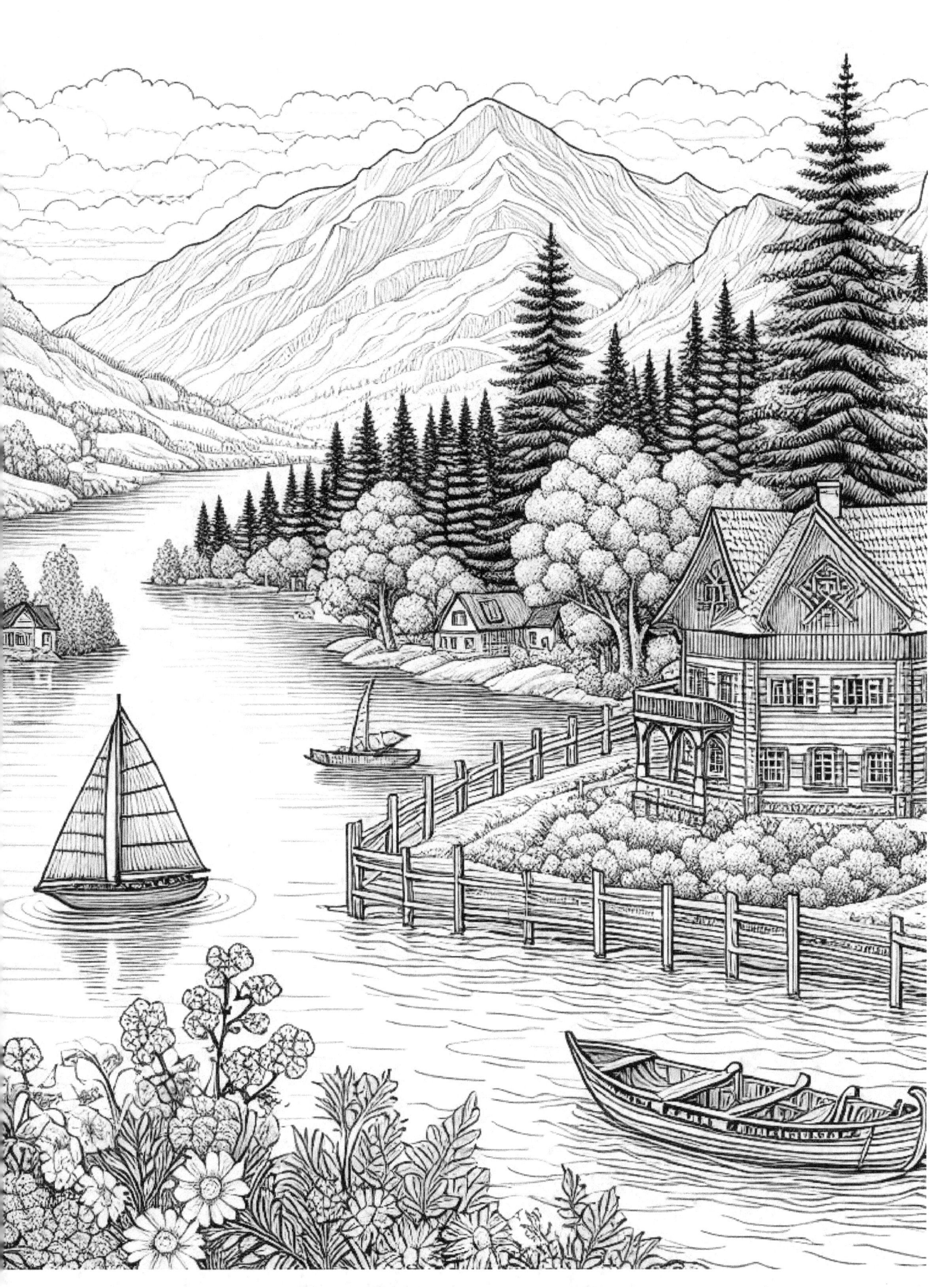

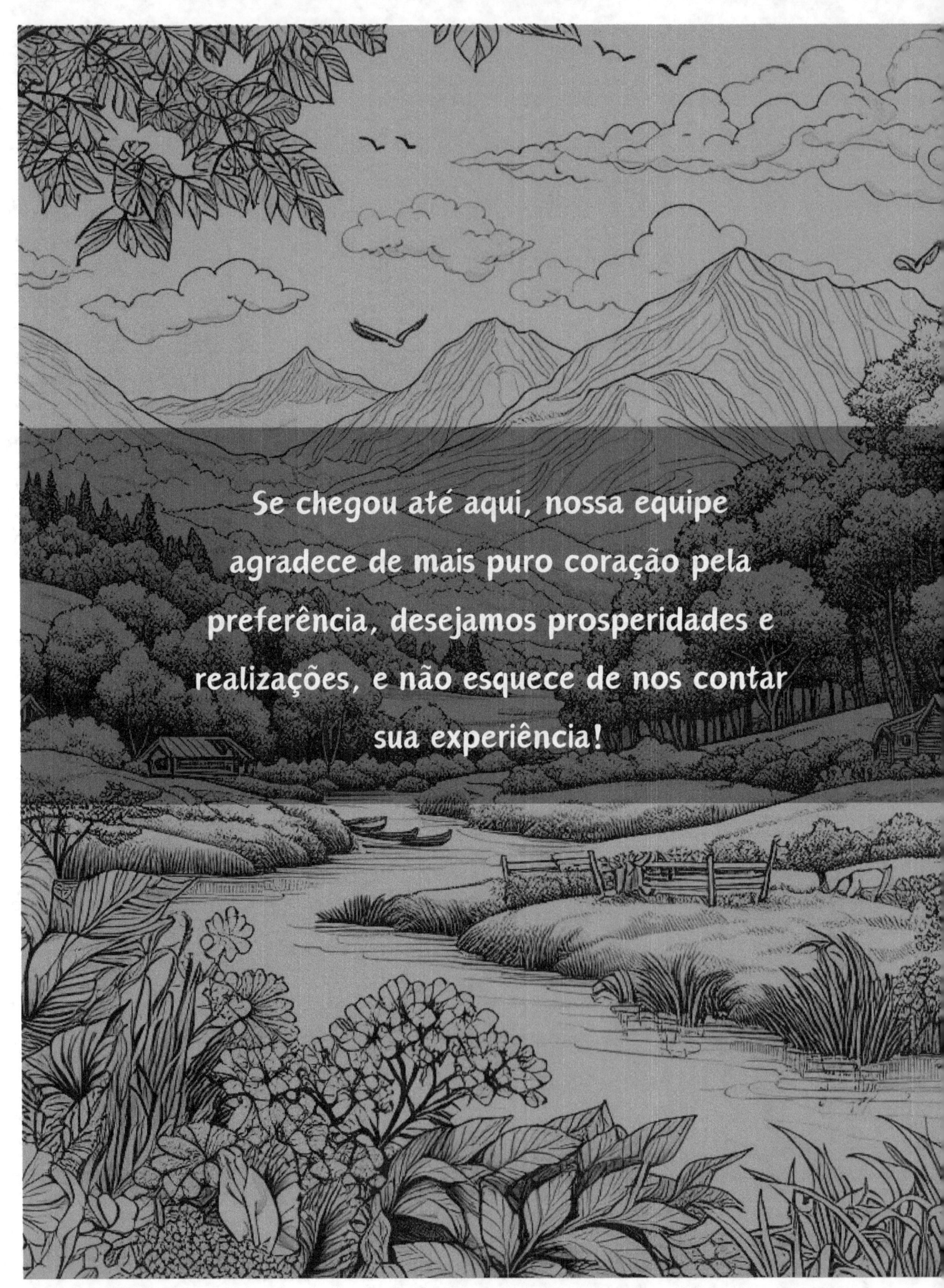

Se chegou até aqui, nossa equipe agradece de mais puro coração pela preferência, desejamos prosperidades e realizações, e não esquece de nos contar sua experiência!